CB136662

AMAR A DEUS NO PRÓXIMO

PE. MARIO BONATTI

AMAR A DEUS NO PRÓXIMO

Ame seu próximo para encontrar Deus

EDITORA
SANTUÁRIO

DIREÇÃO EDITORIAL: Pe. Fábio Evaristo R. Silva, C.Ss.R.
Pe. José Luís Queimado, C.Ss.R.
CONSELHO EDITORIAL: Cláudio Anselmo Santos Silva, C.Ss.R.
Edvaldo Manoel Araújo, C.Ss.R.
Ferdinando Mancilio, C.Ss.R.
Gilberto Paiva, C.Ss.R.
Marco Lucas Tomaz, C.Ss.R.
Victor Hugo Lapenta, C.Ss.R.
COORDENAÇÃO EDITORIAL: Ana Lúcia de Castro Leite
COPIDESQUE: Sofia Machado
DIAGRAMAÇÃO E CAPA: Mauricio Pereira

Dados Internacionais de Catalogação na Publicação (CIP) de acordo com ISBD

B699a Bonatti, Mario

Amar a Deus no próximo: Ame o seu próximo para encontrar Deus / Mario Bonatti. - Aparecida : Editora Santuário, 2021.
88 p. ; 12cm x 18cm.

ISBN: 978-65-5527-169-0

1. Religião. 2. Cristianismo. 3. Deus. 4. Amor. 5. Amor ao próximo. I. Título.

CDD 240
2021-4690 CDU 24

Elaborado por Vagner Rodolfo da Silva - CRB-8/9410

Índice para catálogo sistemático:
1. Religião : Cristianismo 240
2. Religião : Cristianismo 24

1ª impressão

Todos os direitos reservados à **EDITORA SANTUÁRIO** – 2022

Rua Pe. Claro Monteiro, 342 – 12570-000 – Aparecida-SP
Tel.: 12 3104-2000 – Televendas: 0800 - 0 16 00 04
www.editorasantuario.com.br
vendas@editorasantuario.com.br

Este é o meu mandamento:
"Amai-vos uns aos outros
como eu vos amei", disse
Jesus.

(João 13,34-35)

INTRODUÇÃO

Há muito tempo estou preocupado, e comigo há muita gente também preocupada, com o fato de que o cristianismo não produz tudo aquilo que poderia produzir.

Os países, onde os cristãos são maioria, não apresentam resultados melhores de caridade que os demais, com outras religiões. O evangelho de Jesus Cristo pode criar uma cultura fantástica, diferente entre as pessoas, onde há felicidade para todos e podem resolver seus problemas principais. Há épocas históricas de grandes misérias. Era preciso unir os fiéis cristãos, católicos e evangélicos e ainda com as outras religiões. Ainda hoje há inúmeras e grandes iniciativas, mas são grandes a miséria e a falta de amor.

Por que isso acontece? Os cristãos vão se fechando em si mesmos dizendo que são os melhores. Com isso não valorizam as demais religiões. Vale lembrar: tal como tratamos os outros assim seremos tratados.

Fechar-se em si mesmo é como desprezar o outro. Não era a atitude de Jesus. A bondade dele atraía os judeus e pagãos das regiões da Síria e Sidônia. O mesmo acontecia com a Samaria, considerada herege entre os judeus.

Por que os cristãos não produzem tudo aquilo que poderiam produzir? Por que insistem na separação entre a fé e ação? Há tantas pessoas que rezam bastante e praticam pouco a caridade para com o próximo. É aquilo que na Bíblia se conhece como "fé morta".

O exemplo de Jesus era muito diferente, totalmente distinto. Veio ao mundo para trazer aos homens a salvação. Esta se realiza pelo amor a Deus e ao próximo, sem separação. Jesus viveu fazendo o bem sem se cansar, o dia inteiro unido ao Pai. Às vezes, interrompia o trabalho para momentos especiais de oração, na montanha.

Tendo consciência disso, fui levado, a exemplo do que Jesus fazia e daquilo que está nas passagens bíblicas, a convidar os cristãos e a mim mesmo à conversão sempre maior, na caridade. Procurei uma bibliografia mais recente. Na falta desta mais abundante, resolvi começar. Agradeço a Deus o resultado.

O texto é pastoral, propositalmente simples, como tentei fazer em todos os meus livros. Cresce, no mundo de hoje, um movimento que procura escrever de maneira fácil, acessível a muita gente, além dos especialistas. Aprendi com o padre salesiano, Antônio Lages de Magalhães, meu professor de português no Ensino Médio e na faculdade, a escrever de maneira acessível. Não farei muitas citações, o que facilita também a leitura de todos.

Este livro foi escrito durante uma pandemia. O coronavírus (COVID-19), que se alastrou pelo mundo inteiro, provocando muito sofrimento e muitas mortes, também ajudou a vencer uma falta contemporânea: a indiferença para com os outros.

Fez-nos perceber, em profundidade, que todos nós somos de fato iguais, sujeitos às mesmas fraquezas e às mesmas forças. Grandes e pequenas empresas empenharam-se em grandes coletas contra a fome. O exemplo de Bill Gates, o homem mais rico do mundo, está influenciando o mundo inteiro a desprender-se um pouco dos bens materiais enquanto se está vivo.

O amor é universal, como o de Jesus. E vou falar da religião cristã católica, que é a minha própria, a que mais conheço e estudei. Amo e respeito todas as religiões e sempre tive contato com as diversas igrejas cristãs. Não é que todas as religiões sejam iguais, mas todas merecem respeito. Deus é um só.

Todos os homens são filhos de Deus. Todos os grupos humanos têm uma religião, mas algumas se conservaram mais purificadas e deveriam propor-se às demais. É o caso da religião cristã. Jesus declarava que tinha vindo antes para os "seus", mas sempre acolheu as pessoas de outras religiões. É assim que pode haver conversões. Pelo amor e pela acolhida de uns para com os outros.

Pe. Mario Bonatti
Educador salesiano e escritor

REINO DE DEUS, REINO DE AMOR

Se todas as religiões falam de amor, o cristianismo faz do amor seu único preceito.

Jesus Cristo falava e propunha o reino de Deus. Era o que Deus Pai deu a Ele como missão na terra. Ensinar e propor um mundo diferente, carregado de amor universal para com Deus e o próximo, é toda a síntese de sua vida.

O reino de Deus é uma realidade que já existe entre as pessoas e que deve crescer continuamente. O futuro é dom de Deus, mas é o homem que o constrói. Ele traz consigo um ambiente de amor, justiça e paz. Jesus Cristo pregou e mostrou a beleza e o caminho para esse reino.

Jesus Cristo em sua vida era o próprio reino do coração já presente no meio das pessoas. Era o que Ele devia pregar, fazer crescer e manifestar de forma mais bela pelo amor de Deus, até chegar a um amor puro, só amor, sem interesses egoístas. Só em Deus esse reino é perfeito. No coração das pessoas é imperfeito, é uma proposta de vida que deve nascer, crescer e sofre baixas. Essa é a maneira humana de viver o reino de Deus.

Não é sempre fácil separar desse modo os seguidores de Jesus, tanto hoje como antigamente. Todos os seres humanos, todos os cristãos, são santos e pecadores. Infeliz quem não sabe disso. As dificuldades da construção do reino o desanima.

O reino de Deus é o oposto do reino do mal. Em todas as formas de religião existem "gente do bem" e "gente do mal".

Felizmente, se alguém sai do caminho, pode voltar a Deus. Graças a Ele, que é misericordioso e conhece o coração do homem, que é inconstante, sabe que as pessoas passam de um reino para o outro com facilidade. Mas Deus, como bom pastor, vai buscar a ovelha que se perdeu. Ele só exige a conversão do coração, isto é, uma escolha fundamental pelo reino de Deus.

O reino cresce nas pessoas até chegar a identificar-se com DEUS, como disse São Paulo, "eu vivo, mas na verdade é Cristo que vive em mim".

Há cristãos que são pessoas extraordinárias, cheias de amor, diferentes, humildes, realistas e simpáticas na sociedade. É essa a missão de cada cristão na terra. Viver e oferecer a todos o reino de Deus.

O QUE É REINO DE DEUS?

Joseph Ratzinger, Bento XVI, no primeiro volume de *Jesus de Nazaré*, procura ajudar o leitor a aprofundar o que é o evangelho do reino de Deus. O próprio Jesus começa lembrando: "Completou-se o tempo, o reino de Deus está próximo" (Marcos 1,14). Esse reino é uma realidade que faz parte da vida, que está presente e cabe ao homem construir, independentemente da forma religiosa.

Essa interpretação, que vê o reino no mundo, corre o perigo de sonhar um Reino sem a soberania de Deus. Seria uma interpretação destrutiva da própria realidade do reino, chamado também de "reino dos céus", comparado a um grão de mostarda, à semente que tem vida própria, ao fermento que faz a massa do pão se levedar. É comparado ainda a um tesouro que alguém vende tudo para comprar.

O reino de Deus está no coração do homem ou de um grupo, está sempre chegando. Só quem escolheu Deus é que poderá penetrar o mistério dessa realidade fundamental do cristianismo.

Recentemente foi traduzida a palavra evangelho como Boa-Nova. Também para o imperador romano Boa-Nova não era somente uma notícia, mas algo da vida que iria mudar. No evangelho, a palavra que vai mudar é a boa notícia de Deus. O reino de Deus vai mudar a história do homem. Isso aparece 122 vezes no Novo Testamento.

O reino de Deus não é uma coisa, não é um espaço de domínio. O reino é o próprio Jesus. Onde o reino está, ali está presente Jesus. A interpretação teológica do reino de Deus variou muito no século XIX e XX. Nessa palavra está representado o mundo da justiça, do amor e da paz, independentemente de sua cultura, que poderia ser conservada e reunir a humanidade para trabalhar junta por esse reino de Deus.

O que não pode faltar nesse plano de unir a humanidade é a presença de Deus. O que está em causa de fato é o discurso sobre Deus. O Sermão da Montanha, que é uma peça central da pregação de Jesus, não será nunca entendido se não conhecermos que Jesus é o Filho de Deus, é Deus. Aliás, isso vale para todo o cristianismo, sobretudo para a compreensão da cruz e da ressurreição.

Bento XVI, falando aqui como estudioso, diz que a hora em que Deus se mostra na história supera tudo o que aconteceu até agora. Seria melhor que se falasse da soberania de Deus e não do domínio de Deus.

DEUS SE REVELA COMO AMOR

Todos os povos do mundo têm um Deus ou diversos deuses. São religiões monoteístas ou politeístas. Todas as religiões do mundo são sensíveis ao amor, algumas são mais abertas, mais universais, têm um amor não fechado em si. O Deus cristão tem no amor a revelação do próprio Deus. Deus é amor. Já no Antigo Testamento, antes de Cristo, essa noção era presente.

O Deus de Israel é único e tem o nome de Iahweh. Ele também recebeu o nome de El Shaddai (Poderoso) e El Elyon (Altíssimo). Faz ouvir sua voz e sua palavra, mas não se mostra em imagem. O nome Iahweh não poderia ser pronunciado nem representado. Deus é o mistério, uma realidade única e rica. Temos na natureza muitos mistérios, o que torna a ciência limitada, mas o que os cientistas revelaram proporciona encanto e admiração.

Por isso, durante a história, Deus recebeu um riquíssimo vocabulário de palavras humanas que tentam explicar quem Ele era: pai, pastor, criador, salvador, santo, clemente, vivo, compassivo, misericordioso, universal. Ele tem rosto, olhos, ouvidos, mãos, sente amor e indignação, ciúmes e ira. Um Deus pessoal e ativo. Não fica neutro, acompanha de modo especial o oprimido e o fraco.

Luta de modo especial pelo povo de Israel. Criou o homem e a mulher à sua imagem e semelhança. Essa linguagem humana era necessária, mas limitada, fraca para representar Deus. Jesus continuou a testemunhar a concepção do Deus, segundo o Antigo Testamento, mas aperfeiçoou-a, sobretudo no que diz respeito ao amor. Esse sentimento é universal, em todos os povos do mundo, o que facilita a relação entre as religiões.

Jesus Cristo purificou o judaísmo. Por exemplo, o conceito de pureza e impureza, que era pregado pelos fariseus, de interpretação rígida e apresentada no Deuteronômio e no Levítico, distancia-se muito do evangelho de Jesus, que ensinou a dar valor a todas as coisas.

O SENTIDO DO AMOR NA BÍBLIA

O amor, a coisa mais bela do mundo, tem muitos significados. O papa Bento XVI falando do amor-caridade, lembra os três tipos fundamentais já conhecidos pelos gregos: amor erótico, amor filial (amizade) e o amor ágape (amor só amor).

O amor na Bíblia trata, sobretudo, das relações entre Deus e as pessoas. O ser humano que conhece Deus, acaba amando a Deus. O Deuteronômio expressa a totalidade, a exclusividade e a intensidade dessa forma de relacionamento do ser humano com Deus.

A profundidade do amor paterno de Deus Pai é proposta, sobretudo, na parábola do filho pródigo (Lucas 15).

No Novo Testamento, Jesus aprofundou essas formas de amar, sublinhando a figura paternal e filial, fraterna e de amizade. Jesus não exclui os inimigos desse amor gratuito. Deve desaparecer entre os cristãos a figura do inimigo. O amor cristão desaparece diante da inimizade.

O amor de um Deus empenhado com o ser humano parece que é "demais", algo inacreditável, mas essa que é a realidade. A fé, quando é viva, produz frutos. Os frutos do amor são a fraternidade, uma vida de irmãos em que Deus é Pai e precisa de nós para atender a todos, para que ninguém esteja excluído passando necessidade.

O amor de Deus pelo ser humano adquiriu o máximo de seu brilho quando Ele assumiu a figura de um Pai, assumiu a figura de uma família em que Deus é Pai, Jesus Cristo é o Filho e o Espírito de Deus é a terceira pessoa.

Ser cristão é repetir hoje a experiência de Cristo. Ele viveu o amor fraterno e deixou-se matar para salvar o homem. "Não há amor maior do que morrer pelo amigo", disse Ele.

A missa, a eucaristia, a ceia que Jesus celebrou na despedida, recorda ainda hoje que a vida é para ser repartida como Ele repartiu o pão: "Este pão é meu corpo que estou repartindo com vocês".

Muitas vezes, Jesus havia alimentado seus discípulos com o pão. O Pai não queria que seus ouvintes, seus filhos e filhas passassem fome. Na última ceia, Jesus se ofereceu em alimento como o pão da vida, da vida eterna, sem-fim. A ceia de Jesus sustenta hoje a comunhão na igreja e em nossas mesas, que devem ser também lugares de fraternidade.

DEUS PAI CRIADOR AMOROSO

Falando de Deus neste livro, tratarei do conceito na Bíblia cristã de amor porque Deus é amor. Criou por amor. O desafio do cristianismo é amar como Deus amou, com amor puro, sem interesses.

O Deus cristão não é solitário, é um Deus família, Pai, Filho e Espírito Santo. Deus Pai é criador, o Filho é redentor e o Espírito Santo com seus dons é santificador.

No coração da Bíblia aparece o mundo que Deus ama, pois criou com amor, e que, portanto, é amor que se prolonga na história em uma criação continuada. O progresso, que explica a evolução, coloca a dominação da terra pelo homem como crime. A criação é feita para todos, o que nos leva a tratá-la com respeito e amor. Com essa Teologia podemos entender a encíclica ecológica *Laudato si* do papa Francisco, que defende a obrigação de cuidar da terra que é de todos.

Esse é o plano de amor e fraternidade que pode salvar o mundo e a humanidade da destruição. Somos seres criados, não isolados ou perdidos, mas unidos à própria fonte da vida que está em Deus.

Esse amor se manifesta de modo extraordinário na vida e nos escritos de santos e santas mulheres, como Santa Catarina de Sena, Santa Teresa de Jesus e Santa Teresinha do Menino Jesus. O testemunho e os ensinamentos dessas santas mulheres sustentam na religião cristã o apreço pela mulher e os sentimentos de delicadeza, em meio à geral agressividade machista.

A mulher gera e educa o filho não para si mesma, ela quer que o fruto de seu ventre cresça livre e se realize plenamente na vida.

Esse foi o projeto que, em geral, os primeiros missionários trouxeram para América, como "único modo de atrair os novos povos para Cristo". Não foi o que aconteceu com a civilização europeia. Faminta de ouro, exploradora do homem e da mulher, foi também devastadora da natureza no novo mundo.

O ser humano não é dono da natureza, não é seu criador, não pode destruir o que é de todos. Deus Pai e seu filho Jesus Cristo serão sempre a bênção e o ponto de união e salvação. Os conflitos, tais como o desamor e a dominação, geram a morte.

O AMOR DE JESUS OPÕE-SE AO LEGALISMO DOS FARISEUS

Foi esse conflito que resultou no sofrimento e na morte de Cristo. Anunciar o amor como plano de Deus é o que Jesus assumiu em sua vida. Foi algo novo que se chocou com os fariseus que praticavam a antiga lei de Moisés, só como lei.

O reino de Deus, a justiça, o amor e a paz eram a grande novidade que Jesus trouxe do Pai. Cristo sabia que, continuando a praticar e propor o amor a Deus e ao próximo, faria crescer a oposição dos fariseus, mas ele não desistiu de sua missão.

Um dia, a ocasião apareceu para uma solução radical, eliminar Jesus com uma morte de cruz, como se fosse um bandido, o que iria desmoralizar o Mestre em sua nova proposta. A morte na cruz atraía a maldição divina! Era o castigo por não praticar a lei de Moisés, segundo os fariseus.

Os fatos provaram que Jesus haveria de permanecer nas novas comunidades cristãs, superando um legalismo vazio de conteúdo e apontando o novo reino a favor de todos os povos, na vivência da solidariedade, sobretudo aos mais pobres e necessitados.

Hoje, ainda, há indivíduos e comunidades que vivem as bem-aventuranças. Como desafio sempre novo, o quinto mandamento de não matar não é o suficiente. É preciso tratar com amor o próximo. Não basta você evitar o adultério. É preciso tratar com amor e respeito a mulher. São Paulo indicará que o amor nunca vai morrer e faz novas todas as coisas.

Na força do Pai, Cristo combateu a maldade, a fome, o sofrimento, o pecado e a morte. A nós, na força de Deus, cabe repetir sua experiência, sabendo que Deus considera como feito a Si mesmo o que fazemos para nosso próximo (Mateus 25).

Enquanto houver pessoas agindo como Jesus, há esperança no mundo. Esperança de superar os cansaços e desânimos da vida. Basta que os homens sejam mansos e humildes, amando-se como o grande Mestre.

Pela força e iluminação do Espírito Santo de Deus, há pessoas que entendem essas coisas e por elas tentam pautar a vida na terra.

ESPÍRITO SANTO DE AMOR

Se Jesus Cristo é Filho, perfeita imagem do Pai, o Espírito Santo é a inspiração, que, na história, abre nosso ser para amar e ser amado.

Percebe-se a existência do Espírito Santo, mas falta uma linguagem para defini-lo: fogo, sopro, vento. São Paulo fala que o amor de Deus foi derramado em nosso coração pelo Espírito Santo.

O Espírito Santo de Deus nos introduz na vida de comunhão histórica do Pai e do Filho, quando agem entre nós. Ilumina o mistério de Deus com seus dons, mantendo o mundo na unidade diante da dispersão do pecado. É o mundo novo, o reino de Deus, o amor à justiça, à paz e à vida eterna, um mundo de santidade e fraternidade. O espírito é a ação do próprio Deus na história. Ele é a fonte desse amor gratuito, sem interesse próprio, amor de perfeita comunhão.

Ele é como a alma da Igreja. É o Espírito Santo que nos faz perceber a vocação e a missão da Igreja. Pertencer a uma Igreja não é privilégio, mas compromisso, trabalho de todos para implantar na terra o reino de Deus, em um amor universal, para um diálogo ecumênico, inter-religioso e intercultural ou mundial levando a humanidade à unidade.

O mundo, hoje, após muitos desastres de conflitos e guerras, busca essa unidade. Desesperadamente. É o Espírito Santo de Deus que se faz presente no mundo inteiro.

Quero falar sobretudo dos jovens cristãos, que apresentam juntos movimentos de oração e ação. É preciso que os responsáveis pelas comunidades os assumam como pastores. Se o movimento é de Deus fará muito bem ao grupo e à própria comunidade. Sem ser desse jeito jovem eles irão crescer sem formação, só com a catequese infantil da Primeira Comunhão. Insuficiente...

O bispo centenário, Dom Antônio de Miranda, dizia que, na experiência dele, quando esses grupos de jovens se sentem compreendidos e amados, perseveram e dão bons frutos.

Nenhum padre conservador pode querer levar a juventude a rezar como antigamente. A religião é a mesma, a forma é que é diferente. E é preciso respeitar a realidade.

UMA FÉ VIVA. CRER E AMAR

A dignidade do homem como cristão está ligada ao batismo. Como filho de Deus, já merecia respeito e amor. O batismo consagra a pessoa incluindo-a na Igreja, isto é, tornando-a Corpo de Cristo, filho de Deus.

O sacramento do batismo reúne os discípulos de Cristo, os que querem segui-lo e proclamar o reino de Deus, o reino do amor entre as pessoas, que se opõe ao reino do mal. O profeta Isaías, no capítulo 42, fala do servo de Iahweh. Diz que "ele não grita nem levanta a voz, não apaga um pavio que ainda fumega. Não se deixará abater enquanto não houver justiça na terra. Ele será luz das nações para abrir os olhos dos cegos, libertar os presos".

Os batizados de todas as Igrejas cristãs assumem o compromisso de criar outro mundo, sem violência. Matar pessoas, passar fome, não ter onde morar, isso tudo é violência. Os cristãos, e praticamente todas as religiões, têm compromisso solidário com a realidade do Reino de Deus.

Em nosso século, a vida cristã está em contato com a cultura "líquida". Essa cultura sugere sempre novas propostas de vida, algumas são destruidoras e egoístas. A vivência do cristianismo é comunitária e fraterna.

Fabrice Hadjadj, escritor francês, fala da "fé dos demônios" ou uma fé interesseira e egoísta, um amor teórico, que não mexe com a própria vida, uma fé que fica no discurso, sem relação com seu próximo. Há padres e leigos que, durante a explicação do Evangelho, falam somente de Deus, esquecendo-se de incluir o amor ao próximo, aquele ao qual Jesus Cristo, verdadeiro Deus, identificou-se (Mateus 25), isto é, o pobre, o que passa mais necessidade.

Encontramos expressões da "fé dos demônios" especialmente em duas perspectivas: aqueles que pretendem amar a Deus sem amar seu irmão e aqueles que pretendem amar seu irmão sem amar a Deus. Esse não é o amor cristão. Toda pregação de Jesus era para o próximo e seus problemas.

É preciso lembrar que amar o próximo significa querer e procurar seu bem. Não se trata só de bons sentimentos.

O AMOR CRISTÃO VERDADEIRO

No relato bíblico do "bom samaritano" os sacerdotes e os levitas viram um homem caído no chão, quase morto. O samaritano, que cuidou do judeu ferido, gastou tempo e dinheiro para salvar seu próximo. O gesto de cuidar de uma pessoa necessitada, mesmo que desconhecida, fez do samaritano um homem "bom". Sua vida pregou concretamente o amor.

Em nossos dias há muitos cristãos que se fecharam entre as quatro paredes das igrejas ou de suas casas. Assim não ouvem o clamor que vem de fora. Não é fácil viver uma fé verdadeira em uma sociedade injusta, que torna o homem indiferente perante o sofrimento do outro.

É preciso abrir portas e janelas, como disse o Concílio Vaticano II (1962-1965). E o papa Francisco insiste em formar uma "Igreja em saída".

Parece realmente estranho a existência de tantos homens e tantas famílias sem condições mínimas de vida digna. Jesus se incomodaria e faria alguma coisa. O incômodo de Jesus tinha nome: compaixão. Hoje, mais do que nunca, precisamos desse mesmo incômodo. O oposto é a indiferença. De tanto ver o sofrimento, a situação do outro não impressiona mais.

É missão da Igreja de Cristo formar "discípulos missionários, uma Igreja em missão e fraternidade, em relações humanas verdadeiras", costuma repetir o papa Francisco.

Ser cristão é continuar o modelo Jesus na própria vida para colaborar, para estender o Reino de Deus ao coração e à vida das pessoas, para propor um cristianismo verdadeiro, que é o de Jesus. Só assim o cristianismo pode se converter em uma religião que une fé e obras e abre a fé e a esperança à sociedade humana. O cristianismo será uma religião amada e querida.

Este mundo é sempre novo e cria sociedades e valores espirituais que são a condição para a felicidade, que está sempre ligada ao amor. Muitas coisas dessa realidade, que parecem sonho, já existem. É preciso que todos colaborem para que surja um mundo sempre melhor, independentemente de Igreja ou religião.

A BÍBLIA FALA DE AMAR A DEUS E O PRÓXIMO

Esta foi a prática de Jesus e de todos os seus santos e santas. No Antigo Testamento, sobretudo Amós e Miqueias, e no Novo Testamento, especialmente São Tiago e São João, em suas cartas, falam de modo explícito que não é possível amar a Deus sem amar o próximo.

A citação e o estudo das duas cartas mencionadas ajudarão à conversão do cristianismo à maneira que Jesus sonhou.

São Tiago cita, nos capítulos 1, 2 e 5, a situação cristã de seu tempo, diante de diversos tipos de injustiças que os ricos poderiam cometer. Duas pequenas citações de São Tiago, creio que nos deixam ver e ler toda a carta: "Meus irmãos, de que serve para alguém alegar que tem fé se não tem obras? Só a fé poderá salvá-lo? Suponhamos que um irmão ou irmã andam seminus, sem o sustento diário e um de vós lhes diz: "Ide em paz, aquecidos e saciados, mas não lhe dá para as necessidades corporais, de que serve? Igualmente a fé que não vem acompanhada de obras está totalmente morta... também os demônios creem". [...] "E agora cabe aos ricos: chorai e gemei por causa das penas que se aproximam de vós. Vossa riqueza está podre... a diária dos trabalhadores que não pagastes... chegou aos ouvidos do Senhor dos exércitos... vivestes na terra com luxo refinado, cevastes vossos corpos para o dia da matança".

Aqui indico também um trecho da Bíblia, da primeira carta de São João 4,20: "Se alguém afirmar: Eu amo a Deus, mas odiar seu irmão, é mentiroso, pois quem não ama seu irmão, a quem vê, como pode amar a Deus, a quem não vê?"

Com uma linguagem muito especial, São João diz, em sua primeira carta, capítulo 3,16-18: "Conhecemos o que é amor naquele que deu a vida por nós. E também nós devemos dar a vida pelos irmãos. Se alguém possui bens deste mundo e vê seu irmão necessitado e lhe fecha as entranhas, como pode conservar o amor de Deus? Filhinhos, não amemos de palavra e com a boca, mas com obras e de verdade".

AMAR A DEUS NO PRÓXIMO

Santo Agostinho, certamente um dos maiores filósofos e teólogos do mundo, em uma de suas pregações (Sermão 65), disse: "Não creio, irmãos, que o Senhor Jesus, dizendo que nos dava um mandamento novo que era amar-se uns aos outros, tenha esquecido aquele mandamento maior que é amar nosso Deus de todo o coração, com toda a alma, com toda a mente".

Neste ambiente é que Jesus acrescentou: "Amarás teu próximo como a ti mesmo. Nestes dois mandamentos se apoia a Lei e os Profetas (Mateus 22,37ss). Jesus acrescentou: "Como eu amei vocês. O que Deus amou em nós, se não Ele mesmo, como o médico ama seus doentes e quer que tenham saúde. Amando uns aos outros, Deus quer um amor cada vez maior, formando um só corpo. Desta situação de amor, todos saberão que vocês são meus discípulos, se tiverem amor uns pelos outros.

Isso vale para todos, também os que não são meus. Não só a natureza, a vida, os sentidos, a razão e saúde dos homens. E há o dom das línguas, os sacramentos, o dom da profecia, da ciência e da fé que não tiverem a caridade. Esses dons não têm valor. Só se tiverem amor uns pelos outros é que vai transparecer que vocês são meus discípulos. O amor fortalece a vida e forma a felicidade".

É de Santo Agostinho uma frase sobre o amor que diz da grandeza deste mandamento. "MENSURA AMORIS EST AMARE SINE MENSURA" (A medida do amor é amar sem medida).

EXPERIÊNCIA DE DEUS E AMOR AO PRÓXIMO

O Pe. Amedeo Cencini, em seu livro *Amarás o Senhor teu Deus,* revela que, para amar a Deus, é preciso uma justa estima de si mesmo e, assim, também o amor ao próximo, independentemente de suas qualidades ou seus defeitos. Também não basta não pensar mal dele nem só pensar bem dele.

Só quem descobriu em si mesmo que é amado por Deus saberá descobrir que o próximo também é amado por Deus, e não há amor sem essa estima. Um ato de "caridade" sem estima sincera do outro pode até ter o sabor de humilhação.

A Psicologia moderna já demonstrou que a simples maneira de perceber o outro tem influência sobre ele e sobre a imagem que ele faz de si mesmo. A empatia aproxima duas pessoas de tal modo que o amor as identifica no mesmo sentimento, seja no bem, no sofrimento e na compreensão. E isso pode ser por amor de Deus, como vemos na dedicação de muitos "santos" homens e mulheres. Pelo contrário, o egoísmo pode enganar-se de amar e agradar a Deus, se não tomar conhecimento de quem está a seu lado.

A experiência de Deus sem o amor ao irmão é apenas ilusão.

Quem estima sinceramente seu irmão, e sente que a salvação e a felicidade dele estão em perigo, fará de tudo para ajudá-lo, dia a dia, para o bem. Nunca desistirá de acreditar que ele poderá melhorar, que ele também é filho de Deus. A força dessa esperança permanece e age, mesmo que seja a longo prazo. Unido a Deus, o homem pode pensar que ele mesmo pode amar como Deus ama (Cencini, A. *Amarás o Senhor teu Deus*, p. 189-193).

O caminho de amar a Deus e ao próximo supõe autenticidade e verdade a respeito de si mesmo. Quem busca essa maturidade encontra dois tipos de respostas. Há um primeiro grupo, que busca sua realidade fora de si mesmo e procura negar seus defeitos; e há outro grupo, que não aceita a própria realidade, só vê seus defeitos e vive fechado em si mesmo.

A realidade psicológica de cada pessoa supõe a aceitação das próprias qualidades e dos próprios defeitos. Cada ser humano tem qualidades e defeitos, que devem ser superados com a força de Deus e da própria vontade, diante de um ideal que não seja só material. A estima dos outros está muito ligada à verdade da aceitação de si mesmo.

AMAR A DEUS E OS IRMÃOS
Em cantos dos cristãos

Lembrando ainda o amor de Deus ao próximo, os cristãos compuseram cânticos que mantêm vivo este sentimento de amor. Destaco três cantos.

1. O primeiro é de São Francisco de Assis

Senhor, fazei-me instrumento de vossa paz.
Onde houver ódio, que eu leve o amor.
Onde houver ofensa, que eu leve o perdão.
Onde houver discórdia, que eu leve a união.
Onde houver dúvidas, que eu leve a fé.
Onde houver erro, que eu leve a verdade.
Onde houver desespero, que eu leve a esperança.
Onde houver tristeza, que eu leve a alegria.
Onde houver trevas, que eu leve a luz.
Ó Mestre, fazei que eu procure mais
consolar que ser consolado;
compreender que ser compreendido;
amar que ser amado.
Pois é dando que se recebe,
é perdoando que se é perdoado
e é morrendo que se vive para a vida eterna!

2. O segundo canto diz assim

Os cristãos tinham tudo em comum, dividiam seus bens com alegria.
Deus espera que os dons de cada um se repartam com amor no dia a dia.
Deus espera que os dons de cada um se repartam com amor no dia a dia.
Deus criou este mundo para todos, quem tem mais é chamado a repartir
Com os outros o pão, a instrução e o progresso, fazer o irmão sorrir.

3. A terceira música fala do milagre que aconteceu quando Jesus disse aos apóstolos: "Dai-lhes vós mesmos de comer"

Bastariam cinco pães e dois peixes
e o milagre do amor
pra acabar com tanta fome,
pra acabar com tanta dor.

MUITA GENTE ESCREVEU SOBRE O AMOR

Colho alguns exemplos:

1. "O amor fará de você um vencedor." Essa frase é do psicólogo Viktor Frankl, que foi um dos poucos sobreviventes no campo de concentração, na última guerra. A respeito disso ele escreveu um célebre livro: *Em busca de sentido, um psicólogo no campo de concentração*. Ele consolava os companheiros, atendia o próximo, fazia o bem. O amor salvou a vida de Viktor Frankl.

2. "Ser cristão é continuar o reino de Deus que Cristo iniciou na terra", um reino onde haveria amor, justiça e paz, um lugar bom para viver e ser feliz" (MB).

3. "Um e o mesmo Cristo em mim, em você e em todos nós. Vários membros, um só corpo, uma só Igreja, um só Corpo de Cristo" (Chiara Lubich).

4. "Minha experiência de conversão a Deus começou com a conversa com um padre fantástico, muito estudioso. Em minha consciência, uma mudança em minha vida parecia impossível, sem saída. De repente, a voz, o timbre do padre na rádio, tocou em mim e fui rezar no sacrário da matriz. Até hoje sou cristão convicto" (JN).

5. "Feliz aquele que um dia fracassou. As dificuldades e o próprio fracasso fortalecem o amor" (FN).

6. "Se Deus é amor, a caridade não deve ter fim, porque a grandeza de Deus não tem limites" (São Leão Magno, papa).

7. O filósofo dinamarquês, S. Kierkegaard, dizia que "o cristianismo é comunicação de vida, não sistema filosófico; não é doutrina com dogmas. É para ser vivido".

8. "Amar sem esperar ocasião, pois a única oportunidade para viver o amor é o momento presente. Amar com alegria vem da convicção que o amor supera a dor e suplanta a tristeza. Permanecer no amor que gera alegria" (JC).

9. "O que é o inferno? É o sofrimento de não mais poder amar" (F. Dostoiévski, escritor russo).

10. "Deus nos colocou no mundo para os outros" (Dom Bosco).

11. "Com amor o pobre é rico e o rico sem amor é pobre" (SA).

12. "A maior doação que alguém pode dar é a própria vida" (Eugênio Mattar).

13. "Com as doações que fizemos durante a pandemia do COVID-19, nós percebemos que somos, de fato, iguais, responsáveis uns pelos outros, que são nosso próximo" (MC).

OS MILAGRES DO AMOR

Alguns exemplos que vivenciei

A prática da caridade é a melhor maneira de ensinar o Evangelho de Jesus. Claro que também é possível usar a palavra, mas produz pouco ou quase nada de efeito.

Se você está bem e tem seus direitos garantidos, lute para garantir o direito daqueles que ainda não os têm.

Há em Turim, na Itália, uma obra de caridade espantosa, inacreditável. É o grande Hospital Cottolengo, que atende cerca de cinco mil pessoas com doenças que não caberiam nos outros hospitais comuns. Todo o grande grupo do pessoal da saúde é voluntário e a comida dos doentes é ofertada por pessoas e instituições sociais de toda a Itália. Nunca faltou o necessário. Doação de bens e dinheiro é uma das grandes obras da humanidade, mas doar a própria vida pelos outros é o máximo da caridade. Tamanha é a caridade praticada nesse hospital que alguém chegou a defini-lo como a "Universidade da

Caridade Cristã". Dom Bosco, quando visitou pela primeira vez esse hospital, viu em destaque sobre o portão o lema que explicava o segredo de tantos milagres: "*Caritas Christi urget nos*", o amor de Cristo nos impele, leva-nos para frente.

Foi por amor que milhares de salesianos missionários de Dom Bosco, há cento e cinquenta anos, partiram em missão, sobretudo para a América Latina e Oriente. Milagre do amor, deixaram a família, deixaram a pátria e partiram para um mundo desconhecido. É muito amor a Deus e ao próximo.

A caridade é maior que a piedade. Uma senhora devota foi correndo para não perder a missa de domingo. Ela havia deixado no hospital outra senhora que encontrou caída na rua. Disse ao padre: "Quase perdi a missa de domingo". O padre explicou que a caridade é maior que a oração.

Conheci em Lorena, cidade do estado de São Paulo, um médico, que se tornou meu amigo, Dr. Caio. Um dia ele encontrou um garoto pobre que queria estudar. Os dois conversaram e ele disse para o garoto que lhe daria tudo para fazer um bom curso. Devia continuar a viver no ambiente do abrigo de menores em que estava e estudar muito. Mais tarde, também lhe ofereceu um cursinho pré-vestibular. O garoto passou no vestibular para o curso de Medicina. Hoje, ele é um médico renomado na cidade de Campinas, SP.

Paulo Mattedi e Terezinha eram um casal de Rio dos Cedros, SC, que tinha oito filhos. Ela era parteira na época em que só em Blumenau havia médico. Quando morria a mãe no parto, geralmente Terezinha levava a criança para sua casa. Foram quatro filhos adotivos: Alicio, Hilda, Terezinha e Jarbas.

Um dia, um grupo de rapazes perguntou-me como eu havia conseguido unir amor a Deus e ao próximo em minha vida. Eu me lembrei de um gesto de amor que eu fazia a minha mãe, desde pequeno, para ela poder trabalhar e sustentar os oito filhos. Eu vigiava cada irmão em vez de brincar com meus primos. A oração da manhã e o terço todos os dias, à noite, abriam e fechavam o dia com Deus.

A decisão de ser padre e salesiano de Dom Bosco abriu-me um longo caminho, que era ser, como Jesus, pastor de almas, educador da juventude, com missa e orações todos os dias, uma tarde de retiro todos os meses e uma semana de retiro por ano. Como padre e educador eu queria muito bem as pessoas e a elas doei toda a minha vida. Foi um trabalho cansativo que me fez feliz.

Foi essa caridade que restou de tudo que eu fiz na vida. As coisas materiais foram boas e interessantes, mas logo são esquecidas, ninguém mais lembra hoje, quantas línguas eu aprendi; quantos livros escrevi; quantas cestas de basquete eu fiz...

O enterro do Padre Hugo Grecco, salesiano de Dom Bosco, em Lorena, SP, e de dona Hermelita Marotta, evangélica, dois gigantes da caridade para com os pobres em Lorena, parou o trânsito da cidade. Até hoje existe uma sociedade com o nome de "Pobres do Padre Hugo", que atende centenas de famílias. "O amor não morre nunca", diz a Bíblia.

Meus avós paternos chamavam-se Mateus e Maria, naturais de Pomerode, SC. Um dia, após uma pneumonia, minha avó ficou imobilizada e dependente. Os três filhos, que moravam perto, estabeleceram um plano para estar com a mãe durante a noite, dois dias por semana cada um.

O AMOR PRODUZ UNIDADE E FECUNDIDADE DA VIDA

A unidade traz vida e conserva o amor. Traz vida a um casal e faz comunidade com um grupo de pessoas, que se reúne em nome de Deus e, com Deus, faz nascer uma Igreja.

Se for sem interesses pessoais, mostra a beleza e a força grandiosa de uma comunidade, sobretudo para importantes projetos. Ninguém espera que isso seja possível com todos os membros e tenham todos a mesma caridade. O que acontece com a Igreja acontece com os casais e as iniciativas apostólicas.

A Bíblia busca sempre essa unidade e fecundidade, que gera a vida, de Deus com o homem, dos membros de uma família e das nações entre si. Isso acontece com todos os seres. Um precisa do outro. Sozinhos não produzem nem filhos nem progressos. Nesse sentido que os cristãos (e outras religiões) precisam participar da sociedade, sempre em benefício dos outros.

O amor, entre os seres humanos, é que produz a unidade. O ódio separa, isola e mata. Sozinho, o homem não pratica o amor com o próximo. Precisa da força e da graça de Deus.

O ser humano, por si só, é egoísta, mas Deus sempre o inspira e lhe dá força. Todas as formas de amor são válidas, se são verdadeiras. O amor sexual aparece no Cântico dos Cânticos e em Gênesis como instituição de Deus. Exemplos de amor de amizade estão, sobretudo, nos livros de Samuel.

Hoje, vivemos muito mais dias de isolamento que de unidade. Chega a beirar uma "cultura de isolamento", que não faz bem à vida. A unidade é sempre condição de eficiência, de maior eficiência para todos os seres. O futuro do homem no universo depende do amor, da unidade entre as pessoas.

Constantemente, encontro pessoas que perguntam qual será o futuro da religião de Jesus Cristo e das demais religiões daqui 30 anos ou 300 anos. Muitas coisas irão mudar, é necessário que haja essa mudança, porque no futuro certas coisas podem atrapalhar as religiões. Só não pode mudar o mais importante: amar a Deus e amar o próximo. Não são só os recursos tecnológicos que irão mudar. Cada vez mais o homem está menos interessado pela arte, filosofia e religião, preocupando-se somente com a matéria e consigo mesmo. Não podemos ter uma sociedade sem religião, sem amor. Seria o fim de nossa civilização.

Quanto mais amor houver entre as pessoas, mais espaço terão as religiões no futuro. Pode ser até que elas se unam mais, conservando cada uma sua diferença e unindo-se no amor e no respeito uma pela outra.

Garanta você sua parte, sua religião. A Igreja deve ser missionária, interessada em manter a vida, a alegria do evangelho, como sempre lembra o papa Francisco.

No ano 2050, a religião cristã acompanhará as mudanças ou será como a de hoje ou a da Idade Média? A proposta cristã de amar a Deus e o próximo sem interesses egoístas será a mesma sempre. As coisas que não são importantes na religião devem mudar.

Uma criança cantava na televisão: "Talvez você não saiba, ou nunca lhe disseram, mas você é um remédio na vida das pessoas. Você já curou alguém muitas vezes só por existir. Em sua presença, em seu sorriso, uma palavra, um carinho, um gesto. Você alegra a vida das pessoas, cura as tristezas no coração. Você é um presente".

UNIDADE E VARIEDADE

A unidade não se confunde com a uniformidade. A unidade supõe sempre a variedade. Na Igreja católica, por exemplo, existem milhares (mais de três mil) de dioceses espalhadas pelo mundo, cada uma com suas leis e ações, coordenadas por um bispo e uma equipe de padres e leigos. E não é só. Há milhares de ordens e congregações religiosas, masculinas e femininas, que se reúnem com finalidades evangélicas e caritativas diferentes. Em geral, as pessoas pensam que as igrejas são uniformes.

Os cristãos leigos se reúnem tanto para assuntos religiosos, como políticos e sociais, levando o espírito do evangelho de Jesus Cristo como expressão de solidariedade aos mais diversos ambientes, onde vivem e atuam.

A variedade é a garantia do trabalho na Igreja, além de tudo aquilo que fazem as outras Igrejas cristãs, que não são católicas. É unidade na variedade, somos iguais e diferentes. Naturalmente, são realidades humanas, com suas qualidades e seus defeitos. Basta que todos se queiram bem e vivam unidos.

O preconceito racista é uma das formas mais terríveis de divisão entre os seres humanos. No passado, sempre houve formas mais ou menos violentas dessa cultura, na América sobretudo. Explorou-se não só a liberdade do escravo e sua família, mas até o direito à vida. Isso aconteceu também com os judeus na Segunda Guerra da Alemanha.

Cientificamente, é certo que todos os seres humanos são iguais naquilo que é importante. O que um povo faz os outros podem fazer, se forem bem ensinados e o cérebro bem alimentado. Há uma só raça humana.

A separação entre brancos e negros no Brasil, nos Estados Unidos e em outros países recebe, atualmente, o nome de "discurso de ódio"!

Segundo a ONU, "discurso de ódio" é "qualquer tipo de comunicação que use a linguagem pejorativa referente a uma pessoa ou grupo baseado na etnia, cor, raça, religião, nacionalidade, no gênero ou outro fator cultural". Aliás, todos os seres humanos pertencem a uma só raça, a raça humana. As diferenças existentes entre os humanos são fruto de costumes. Tudo o que um faz todos podem fazer ou aprender.

Os alunos da Faculdade de Direito Rio, da Fundação Getúlio Vargas, produziram uma cartilha como importante instrumento de conscientização, prevenção e, sobretudo, para o combate ao discurso de ódio, que é crime.

Falta entre os cristãos uma unidade muito maior. Jesus Cristo a sonhou e expressou quando orou ao Pai para que todos os seus seguidores fossem uma coisa só com Ele (João 17).

O AMOR BUSCA A UNIDADE DOS IRMÃOS CRISTÃOS

Durante 2.000 anos de história, em lugares distintos, os cristãos tiveram mudanças não só culturais, o que seria natural, mas também romperam a unidade em Cristo. A primeira ruptura foi entre os cristãos do oriente e ocidente. A segunda grande divisão aconteceu com Lutero, na Alemanha, em 1517.

Nasceram, depois, diversas iniciativas em busca da unidade perdida. Essas tentativas recebem o nome de Ecumenismo. Parece que cada Igreja cristã se considera a mais perfeita e uma quer impor-se sobre a outra. Isso não é unidade entre os cristãos.

A unidade supõe amor e respeito na fraternidade em Cristo. "Minha religião é diferente da sua. Eu não conheço bem sua religião, mas somos irmãos, todos somos irmãos, independentemente de tudo."

O princípio antropológico da unidade na variedade fez nascer o ecumenismo científico moderno. Esse paradigma aceita as diferenças culturais que surgiram ao longo dos milênios, incorporando-se às Igrejas cristãs. A unidade que procuramos é no essencial, no amor. Isso deve continuar. A unidade que Cristo procurou é em coisas importantes.

A unidade dos cristãos acontecerá quando, pela graça de Deus, os batizados estiverem todos unidos na fé em Cristo, embora diferentes nos usos culturais, que são secundários. O povo mais simples percebe essas coisas e se encanta. Isso pode mudar porque é cultural, adequado a cada povo, mas deve ser respeitado. São costumes diferentes.

Em alguns lugares, já é possível ver católicos e luteranos celebrando na mesma igreja, em horários diferentes, cada qual em seu próprio rito. Bairros novos chegam a construir juntos a mesma igreja ou o mesmo templo. Lentamente crescemos juntos, em unidade.

UNIDADE E AÇÃO ENTRE AS RELIGIÕES E CULTURAS

Essa foi a proposta e a prática de Jesus, filho do Pai, criador de todos os seres humanos. Cada religião não cristã é diferente, mas todas têm algo em comum e podem se enriquecer mutuamente se viverem e trabalharem em unidade, com Deus, valorizando e respeitando a religião do outro, como irmão, mostrando a beleza do cristianismo. Deus é um só e Pai de todos.

Praticamente é muito difícil, quase impossível, mas sem desprezar a religião do outro, como aparece em geral nos dias de hoje para outras culturas sem ser a europeia. Muito mais difícil é conhecer e aceitar outras culturas. Religiosas como as africanas, asiáticas ou indígenas da América.

Pelo exemplo, também pela palavra, podemos ensinar a religião, sem desprezar na ignorância a religião do outro irmão.

É inacreditável que, em muitos pontos importantes, as religiões do mundo têm os mesmos princípios e, assim, podem viver e agir juntas.

Vou citar o exemplo de Mahatma Gandhi, um indiano não cristão, que desenvolveu uma grande atividade política pela paz, sem violência. Ele ensinou e praticou a defesa dos direitos humanos, que são um dever universal e independente de regiões e religiões, da Índia e do mundo inteiro.

Gandhi era um jovem advogado que foi à África do Sul para defender uma empresa indiana em um processo. Viajando de trem, ele tinha um bilhete de primeira classe. O cobrador não aceitou o bilhete e queria que ele viajasse na terceira classe, como dizia a lei local para os imigrantes e pessoas de cor. Ele foi pego de surpresa pela lei do país racista. Na próxima estação, o indiano foi empurrado para fora da primeira classe. Esse fato reforçou nele o desejo de fazer alguma coisa pelos direitos humanos. Isso lhe custou repreensões policiais e prisão.

Com essa filosofia de fazer valer e respeitar os direitos de cada cidadão, Gandhi conseguiu a libertação de toda a Índia, dominada pelos ingleses, sem precisar de violência. Sem armas.

A Inglaterra dominava todo o comércio da Índia, também do sal. Certo dia, espalhou-se um recado entre os indianos: Abastecer-se de sal por um mês. Quando os navios ingleses com o sal chegaram, ninguém comprou sal. Foi o maior transtorno.

Lentamente a Inglaterra percebeu que a única coisa a se fazer com aqueles súbditos era deixá-los livres e independentes. Gandhi defendia, como Jesus, a prática da justiça e a não violência.

Se há tanta dificuldade no diálogo e na vivência entre os cristãos, muito mais difícil é a unidade com as religiões. Eu diria que tudo deve começar pelo respeito e amor pelo outro. Se houver amor, Deus fará crescer a unidade.

A MISERICÓRDIA DE DEUS E DAS CRIATURAS

No Novo Testamento sobressai a figura de um Deus de misericórdia, de perdão em qualquer circunstância. Em Jesus Cristo o amor comove por sua grandeza, revelação pela misericórdia do Pai.

O papa Francisco sempre diz que a misericórdia revelou a força do Evangelho durante a história do cristianismo. Em 2016, em uma de suas Catequeses, na Praça de São Pedro, o Papa aprofundou o tema que, em seguida, resultou no livro "A misericórdia".

Disse o Papa que pretendia fazer uma síntese indicativa desse livro. O coração misericordioso do Pai aparece em Jesus Cristo, seu filho, revelando a figura de um Deus que tem um coração de mãe, na expressão usada pelo papa João Paulo I e outros autores, na tentativa de revelar mais profundamente o que é o amor misericordioso de Deus Pai.

Já no Antigo Testamento aparece a figura de um Deus que se comove e sente ternura. Foi esse coração misericordioso de Deus que acompanhou os caminhos da vida dos seres humanos e mostrou-se um Deus que não só vê o sofrimento, mas intervém e liberta.

No Novo Testamento essa mentalidade de misericórdia, tão presente na Bíblia, aparece muito mais clara. Foi o cerne de toda a pregação de Jesus Cristo, que revelou o coração paterno de Deus Pai.

Deus não quer uma justiça de tribunal, mas a conversão do coração. A cada 50 anos havia em Israel um perdão geral entre os judeus, com ações e cultos marcados a fazer. Por exemplo, quem tivesse sido obrigado a vender sua terra, durante esse ano, podia receber de volta, de seu antigo dono. Era um ano de festa e fraternidade.

O AMOR FEITO MISERICÓRDIA

O amor de Deus é amor total que não exclui ninguém por nenhum motivo. É muito importante e salvífico nós sermos misericordiosos como o Pai, disse Jesus (Lucas 6,36). Qualquer gesto de amor ao próximo Jesus o considera feito a si, tanto em ações espirituais como materiais.

Ações simples, como alimentar quem tem fome e sede, vestir quem não tem roupa boa, visitar os doentes etc., com a força de Deus, resolveriam os maiores problemas da humanidade, criariam uma nova cultura, a cultura da inclusão revelando a presença de Deus, concretamente entre nós, agindo conosco. Hoje, somos nós que fazemos ou omitimos esse milagre. O bilionário americano Bill Gates, na época, até hoje o maior magnata do mundo, começou a criar uma empresa para distribuir aos outros parte dessa sua riqueza colossal "antes que seja tarde".

Os "santos" da Igreja católica são lembrados pelos gestos de caridade que realizaram em vida, não por outras atividades espetaculares. Não são os milagres que revelam os santos. É a caridade que manifesta a santidade. Basta lembrar Santa Teresa de Calcutá e Irmã Dulce dos Pobres e tantos outros santos e santas da Igreja católica.

Nesse ponto vou enfrentar o problema da aliança de Deus com o ser humano na vida e na história. Deus não quis agir sozinho, mas com o homem. É evidente que a iniciativa e a força são de Deus, mas há hoje duas mentalidades opostas: uma que atribui tudo a Deus e outra que esquece Deus e atribui tudo aos seres humanos.

Na prática da vida, vemos que há povos inteiros que esperam passivamente tudo de Deus. Bastaria pedir e aguardar... Acaba virando cultura, modo de agir. Outros povos agem como se estivessem sós no mundo.

Vemos que Deus sempre pede a participação humana. Parece que não? Na prática, Deus quis o homem como "parceiro" e aliado! Mas, por outro lado, parece que tudo o que cabe ao homem fazer, Deus não faz.

A expressão "vontade de Deus", que aparece também no *Pai-Nosso*, significa o "plano de Deus". Diante do grande amor de Deus pelo homem, podemos ter segurança em nosso agir. O plano de Deus é feito de amor.

AS OBRAS HUMANAS DE MISERICÓRDIA

Jesus, diante de uma multidão com fome, disse aos discípulos: "Dai-lhes vós mesmos de comer!" (Mateus 14,16). E o canto moderno diz: "Bastariam 5 pães e 2 peixes, e o milagre do amor, para acabar com tanta fome, acabar com tanta dor".

A primeira obra de misericórdia que o Papa lembra é a mais urgente: dar comida a quem tem fome e água a quem tem sede. Ficamos obrigados ao menos a quem está mais perto de nós. Mas há uma justiça política universal que deve contemplar todos os povos. A ONU criou um organismo para resolver o problema, a FAO (Food and Agricultural Organization), cujo lema é "*fiat panis*", faça-se pão!

Há pessoas admiráveis que sabem valorizar e ouvir o outro, seja ele quem for, dar-lhe espaço e atenção para expor suas ideias, ainda que sejam diferentes das nossas. Assim Deus nos ouve. Com um diálogo respeitoso, tudo melhora a nosso redor, independentemente das diferenças das pessoas. O diálogo de Jesus com a samaritana (João 4,1-29) será sempre um modelo. Foi assim que Jesus converteu o coração dessa mulher que encontrou o caminho de Deus para sua vida. Em nosso tempo muitas pessoas sentem necessidade de serem ouvidas e valorizadas.

Acolher o estrangeiro é outra obra de misericórdia, um fato que abrange toda a história da humanidade. Desde Abraão, a humanidade viveu em ondas migratórias. Os brancos da América representam os milhões de europeus que para cá vieram. À medida que vão escasseando os recursos em um lugar, legiões de povos vão para outro.

Vestir os nus é uma história de respeito a todas as pessoas. Há muitos casos de uso do corpo humano como mercadoria, há gente desempregada, mal-vestida, sem casa, desrespeitada em sua dignidade.

Visitar os doentes e encarcerados. As pessoas, a exemplo de Jesus, são bastantes abertas a visitar os doentes, mas não a visitar os encarcerados. Consideram o encarcerado como criminoso, o que nem sempre é a realidade. Nos Atos dos Apóstolos, São Paulo lamenta a solidão na prisão por causa da fé. O Dr. Dráuzio Varella conta que aprendeu grandes lições humanas como médico dos presos no antigo Carandiru. O preso perdeu a liberdade, mas pode ter mudado de vida pelo crescimento que, muitas vezes, a prisão lhe proporcionou.

A INSTRUÇÃO COMO OBRA DE MISERICÓRDIA

Aconselhar e ensinar o próximo são duas obras de misericórdia importantes. Não é necessário ser professor.

É inacreditável, por exemplo, que na era da tecnologia haja, no Brasil, e em muitos países do mundo, tantos analfabetos. É uma grande injustiça social que ameaça a dignidade da pessoa humana e a impede de progredir para inserir-se na sociedade.

Nos estados do sul do Brasil, quase não há analfabetos porque cada comunidade, em geral rural, de imigrantes alemães, italianos e poloneses, desde o século XIX, construiu uma escola e contratou um professor, antes que o governo local assumisse os gastos da educação primária. Mas, em geral, nos sistemas de "fazendas" do Brasil os empregados foram deixados sem a educação. Para um analfabeto é difícil se libertar... ele é como uma pessoa cega.

Antigamente, todas as pessoas não sabiam ler nem escrever. Essas habilidades eram uma profissão. Os judeus tinham os "escribas". Martin Lutero incentivou todos os seus seguidores, na Alemanha, a aprender a leitura para poderem ler a Bíblia. Ele fez a primeira tradução da Bíblia para o alemão, porque todas as Bíblias eram escritas em latim.

Durante toda a sua história, a Igreja católica envolveu-se com a educação do povo, sobretudo ao redor dos conventos. Nasceram também, ligadas à Igreja, as primeiras universidades da Europa. Na modernidade, surgiram diversos movimentos e encontros de jovens e adultos destinados a aprofundar a fé. E há os cursos de aperfeiçoamento que aprofundam as novidades das novas tecnologias. O mundo está mudando, mas falta educação para todos.

Oração pelos outros, vivos e mortos, é mais uma obra de misericórdia importante, sobretudo por parentes ou amigos. Ainda é uma prática bastante comum entre nós.

Há muitas obras de misericórdia para com o próximo. Deus prefere a misericórdia aos sacrifícios e às orações. Tudo o que for feito com amor pode ser incluído nas obras de misericórdia.

O AMOR ENCOBRE O PECADO

O salmo 50 é chamado "o salmo da Misericórdia". A tradição judaica reconhece a autoria desse salmo ao rei Davi. Grande era seu pecado: assassinato e adultério. Perdoado de seus pecados, o rei Davi tornou-se capaz de fazer grandes coisas. E é citado até hoje com respeito. Deus é maior do que o pecado. "Eu não vim chamar os justos, mas os pecadores", disse Jesus (Mateus 4,11-13).

Assim acontece com os pecadores de hoje, assim acontece conosco. Deus nos perdoa e pede para usar de misericórdia e perdão com os irmãos e irmãs que estão a nosso lado.

Jesus manifestou ao mundo o coração do Pai das misericórdias. Multiplicam-se em nossos dias os movimentos de devoção e os santuários ao Pai de misericórdia. Antes de sua morte na cruz, Jesus clamou: "Pai, perdoa-lhes porque não sabem o que fazem" (Lucas 23,34ss). A oração de Cristo alcança a todos, nenhuma pessoa fica de fora. Ninguém é excluído da misericórdia do Pai por maior que seja seu pecado.

Aqui o Papa lembra o sacramento da confissão ou reconciliação, instituído exatamente como instrumento de misericórdia e perdão. Depois de perdoado, o pecador deve tornar-se capaz de olhar para o outro e para o mundo com mais misericórdia e perdão.

A confissão dos pecados é um sacramento como a missa e o batismo. A confissão vem ao encontro das pessoas que se sentem culpadas e querem o perdão para mudar de vida. É um sinal da grande misericórdia do Pai.

A confissão foi muito praticada na história do cristianismo, também aproveitada como direção espiritual. Além disso, é fonte da graça de Deus e confiança. Hoje diminuiu sua frequência. Há o preceito para os católicos confessar-se ao menos uma vez por ano, possivelmente na preparação para a páscoa de Jesus.

AMOR A DEUS E AO PRÓXIMO DOIS EXEMPLOS DE VIDA

Apresentarei agora apenas dois exemplos de pessoas que mais me impressionaram e fizeram frutificar ao máximo o amor a Deus e ao próximo. Parece-me que mais facilmente podem servir de exemplo para nossa vida.

Em mais de dois milênios de história, o cristianismo produziu milhares de homens e mulheres que foram verdadeiros "campeões" porque mais de perto seguiram o exemplo de Jesus em seu amor ao próximo.

Para destacar neste livro escolhi uma mulher de nosso tempo e um homem do século XIX. Ambos deixaram um rastro luminoso de obras em benefício do próximo. Trata-se de uma mulher leiga do século XX e XXI e um homem, que era padre e religioso do século XIX. São eles, a senhora *Chiara Lubich* (cujo processo de beatificação está em curso) e *São João Bosco*, mais conhecido como Dom Bosco, que, em italiano, significa Padre Bosco.

Sempre foi o amor que salvou o mundo e as pessoas, e sempre foi a falta de amor e o ódio que arruinaram a humanidade e as pessoas também. A segunda Guerra Mundial, de 1939 a 1945, fez alguma coisa inacreditável: mais ou menos 50 milhões de pessoas foram mortas.

O amor, para se conservar e dar frutos, precisa ser alimentado, crescer e amadurecer por sua prática de vida, oração a Deus e caridade pelos irmãos.

A espiritualidade e a mística mostram caminhos sempre novos para esse crescimento espiritual que está no evangelho de Jesus Cristo. Ele é o "caminho, a verdade e a vida" (João 14,6). "Na escola de Deus, dar tudo o que se tem, dar tudo que se é, dar-se sempre, sem jamais acabar de dar-se, é a lição profunda de alegria e de paz" (D. Helder Câmara, arcebispo de Olinda e Recife).

Assim foi com Chiara Lubich, Dom Bosco e muitos outros campeões do cristianismo.

CHIARA LUBICH: A FORÇA DO AMOR UNIVERSAL COMO JESUS

O Amor universal é aquele que procura atingir, de alguma maneira, todos os homens e mulheres que são filhos de Deus. Não fica só em seu grupo.

Em 1920, nasceu em Trento, no Tirol italiano, uma mulher leiga (não freira), que adotou Deus como ideal de sua vida. Seu nome era Chiara Lubich. Fundou um movimento, chamado *Focolares*, que ultrapassou as fronteiras da Igreja católica, alcançou também outras religiões e ateus.

Contribuiu para grandes projetos na cultura universal, sobretudo na área econômica, política e educacional, colaborando para a construção da unidade humana em um diálogo entre as religiões e a ciência. "Em nosso movimento, quanto mais amamos o próximo mais cresce nossa união com DEUS", disse Chiara a uma jornalista inglesa que queria penetrar o mistério desta vida.

"Como vocês, do Movimento *Focolares*, comunicam-se com Deus?", foi a segunda pergunta da jornalista. "Durante a Segunda Guerra Mundial, com muita frequência, íamos para os abrigos antiaéreos levando só o evangelho. Encontramos em São Mateus como era amar a Deus e amar o próximo. Havia lá uma mãe com cinco filhos e cada uma de nós pegou uma criança no colo. Saindo do abrigo, íamos visitar um doente que ficou em casa e uma pessoa que passava fome..."

"Isso nos dava uma grande alegria, e as pessoas estranharam como alguém poderia ser feliz em meio ao sofrimento de uma guerra. Nossa experiência foi crescendo... e chegando a outros lugares do mundo."

Hoje, as pessoas são medidas pelo sucesso; isso esgota e cria um vazio imperceptível entre nós. É o amor que dá sentido a nossa vida e ação. De 1920 a 2008 foram para Chiara 88 anos de muita atividade e crescimento no amor a Deus e ao próximo.

Em 1938, Chiara formou-se professora primária. Uma mulher que viveu a vida de cada dia como tantas outras mulheres, mas continua profundamente viva no coração dos que a conheceram e nas atividades que inspirou no carisma da unidade que ensinou ao mundo inteiro.

Tornou-se, aos poucos, uma mulher mundial. Ainda moça, abriu um escritório para o diálogo com pessoas de convicções não religiosas, contatos com ateus, agnósticos e indiferentes. "Deus ama todos os seres humanos, todos foram por Ele criados e amados", dizia Chiara.

Em 1943, no contexto da guerra, no abrigo antiaéreo, encontraram a oração de Jesus: "Pai, que todos sejam um". O desejo de Jesus tornou-se uma ordem que inspirou o carisma que iluminou a vida de Chiara. É uma espiritualidade aberta que todas as pessoas possam compreender.

Descobriram a espiritualidade do sofrimento de Jesus quando Ele gritou na cruz: "Meu Deus, meu Deus, por que me abandonaste?" Ela e suas companheiras, que iam crescendo, adotaram essa característica nova para os focolarinos: a experiência de Jesus abandonado. A vida é produzida com a morte e a dor. Não existe só o Cristo glorioso.

As pessoas foram aprendendo que não existe só um Deus glorioso, mas também existe Jesus crucificado e abandonado. Quando encontro a dor, eu me encontro com Ele. A dor passa, mas podemos fazer dela um trampolim. Se não, ficaremos parados.

Outra característica da espiritualidade focolarina é de ser universal, ou seja, para o mundo inteiro, para todas as culturas e todas as religiões.

O movimento que Deus inspirou a Chiara é conhecido no Brasil, sobretudo em São Paulo, Recife e Belém, com residências e obras de caridade. Há outras presenças mais gerais, como as cartas mensais, muito difundidas no mundo inteiro e em muitas línguas.

Chiara Lubich recebeu 16 títulos de Doutora *Honoris Causa* e 17 títulos de Cidadania Honorária. Falou na Mesquita de Nova York para três mil pessoas muçulmanas. Também no Brasil ela dialogou com diversas religiões, com budistas, mulçumanos, judeus, entre outros. Ela dizia que os católicos que participam de todas as religiões não podem pensar que estamos fazendo diálogo com eles.

Não existe, no diálogo, um lado mais importante que o outro. Sobretudo as ações caritativas do ecumenismo dos cristãos e o diálogo inter-religioso das várias religiões são muito bem recebidos pelas diversas pessoas, mesmo pelas mais fechadas, sobretudo, se for feito com a humildade de quem não se julga melhor que os outros, gosta e se orgulha da própria vida e forma religiosa, sem se ensoberbecer.

Uma das principais características mais influentes no carisma da unidade é aprender a dialogar com todos. O diálogo enriquece os que o praticam se for animado por um respeito e amor verdadeiro, desinteressado. Caso contrário, pode parecer egoísmo e ninguém aceita.

Na Medicina, o Movimento *Focolares* não se preocupa somente com a cura da doença, mas busca cuidar da pessoa como um todo. Favorece o testemunho de uma "espiritualidade médica", não centrada na doença, mas pautada pelo amor ao doente.

A um pai focolarino de Caruaru, PE, que perdera uma filha de 21 anos e continuou trabalhando, mantendo-se sereno e solidário, alguém perguntou o motivo. Ele logo respondeu: "Aprendi que é preciso sair de si mesmo para ir ao encontro do outro e que não posso me fechar em minha dor".

Um dia Chiara escreveu: "O ideal de minha vida é ver a cidade transformar-se em um espaço de harmonia e paz, respeitando todos em sua dignidade de pessoas humanas. Acreditar significa sentir-se amado por Deus. Deus é amor e isso nos leva a colocá-lo no centro de nossa vida e a lembrá-lo muitas vezes na oração. Veremos acontecer os milagres a nosso redor".

O Deus cristão é uno e trino. É o mistério de três pessoas em comunhão. O isolamento das pessoas no mundo atual só poderá ser superado por uma antropologia do amor, revelada por Jesus, em que a humanidade cresce e se aperfeiçoa em uma grande experiência de família, à maneira da vida trinitária. A vida comunitária cresce e se aperfeiçoa só em comunidades. Isso explica como a espiritualidade de

Chiara fez surgir luz nos campos da ciência e outros domínios dos estudos humanos. As pessoas acabam se inserindo e agindo diferente, tornando-se, cada vez mais, uma família humana. Se alguém está feliz, fique feliz com essa pessoa, em vez de ter inveja. Tudo será feito como família, e a humanidade crescerá em amor e perdão.

Mulher centrada em Deus e apaixonada pelo ser humano, Chiara Lubich entendia a felicidade como expressão da unidade entre as pessoas. Trazia a certeza do amor de Deus, que alcança todos os seus filhos, ricos e pobres, homens e mulheres, cristãos e não cristãos, jovens e idosos.

Dessa forma, Chiara não media esforços em sua dedicação para a concretização do Reino de Deus. A vida dessa mulher foi plena doação. Não se cansou de fazer o bem. Cuidou das pessoas, revelando assim a grandeza de seu coração e o amor de Deus que nela estava e agia.

DOM BOSCO, UMA VIDA PELOS JOVENS MAIS POBRES

São João Bosco é o fundador da Congregação Salesiana e das Irmãs Salesianas, dois grupos especializados em educação. Há também mais de 30 grupos que foram nascendo ligados aos salesianos e salesianas pela caridade e missão. No dizer de um bispo norte-americano, isso faz lembrar o milagre da multiplicação dos pães.

Dom Bosco nasceu em 1815, na grande região do Piemonte, Norte da Itália, cuja capital é Turim, em uma família de pequenos agricultores. Seus pais não eram os donos do pequeno pedaço de terra, mas arrendatários, que pagavam o aluguel como parte da produção. Francisco Bosco ficou viúvo com o filho António de 3 anos e casou-se de novo com Margarida Occhiena, que lhe deu dois filhos, José e João (Bosco). O pai dessa família também morreu de pneumonia, e a esposa Margarida herdou dívidas e o cuidado dos filhos, enfrentando sozinha a vida de pobre.

A experiência de pobreza na infância foi importante na formação de João Bosco em vista de ser padre dos jovens pobres. Por isso ele batalhou muito. Trabalhou desde cedo para poder estudar e alcançar o sonho de ser sacerdote.

Em 1841, Dom Bosco (1815-1888) já era padre, mas ainda não tinha escolhido o trabalho pastoral para sua vida de sacerdote. Percebia-se, porém, que seria um trabalho com a juventude. Morava em Turim, Itália, que, no século XIX, estava cheia de jovens que para lá tinham ido em busca de trabalho. Andavam pelas ruas, "aprontavam" e, muitas vezes, passavam fome. A polícia colocava na cadeia os "infratores da ordem". Era o início da Revolução Industrial no norte da Itália.

Dom Bosco ia confessá-los na cadeia e percebeu que não eram "bandidos", só precisavam de orientação e auxílio na vida. Por isso pensou em educar aqueles jovens. Oferecia-lhes educação religiosa, preparando-os para vida e o trabalho. Para quem não tivesse onde morar, ele mesmo procurou acolher em sua casa. Foi o início de uma grande obra de educação, na qual, atualmente, mais de um milhão de crianças e jovens são atendidos em todos os continentes do mundo.

Com o auxílio de amigos, sacerdotes e leigos, a obra foi crescendo e se firmando. Alguns jovens aceitaram ficar com ele, tornando-se "salesianos de Dom Bosco". Hoje, os salesianos são mais de 14.000 espalhados pelo mundo inteiro, cuidando da juventude.

No século XIX, a Itália era formada por diversas regiões que buscavam a unidade sem ter ideia de qual poderia ser o caminho. O povo, e também o clero, não era unido. Além disso, Dom Bosco encontrou a dificuldade no território que era do Papa. E isso envolvia, de certa forma, a Igreja nas questões políticas. Mas ele dizia que sua política era a "política do *Pai-nosso*". Toda a sua ação na sociedade visava a maior glória de Deus e a salvação das pessoas, isto é, o Reino de Deus. E continuou educando a juventude.

Para cuidar de mais jovens, Dom Bosco assumiu a experiência regional do Oratório Festivo com sua visão de educador. Mais tarde, com Santa Maria Mazzarello e um grupo de moças, iria cuidar das meninas com seu método de educação, o sistema preventivo. Nasciam as Filhas de Maria Auxiliadora ou Irmãs salesianas.

Dom Bosco era um educador nato, muito prático e tinha uma paixão na vida: os jovens pobres. Seu projeto educativo era o Sistema Preventivo: vale mais prevenir que remediar. Era também uma convicção de Dom Bosco que o ótimo é inimigo do bom. Isso significa que toda ação humana tem um lado bom e um lado ruim. Fazer o bem que é possível.

Outro ponto da prática de Dom Bosco era o espírito de família, para que o jovem se sentisse bem com o educador. O amor foi o princípio fundante de sua nascente obra. Com amor, o jovem cresce na autoestima, no desenvolvimento de suas habilidades e nas razões para viver.

Ele gostava de repetir que a educação é obra do coração. Dizia a seus jovens: "Por vós eu estudo, por vós eu trabalho, por vós eu dou minha vida". Por isso os jovens lhe queriam muito bem. Percebiam que por eles Dom Bosco vivia e agia.

Alguns pensamentos de Dom Bosco revelam a profundidade de sua espiritualidade. Ele dizia: por meus jovens eu dou minha vida. O que temos é presente de Deus, naquilo que seremos é nosso presente a Ele.

O amor de Dom Bosco interessou-se também pela situação de trabalho das crianças menores de 9 anos, tão comum em Turim no século XIX. Para fortalecer a dignidade destes "pequeninos do Senhor", o bom padre antecipou-se no tempo, sendo o primeiro a criar os "contratos de trabalho" para proteção das crianças e dos jovens. Nesse contrato, além de orientações que os patrões deveriam seguir, ao tratar com eles, também era estabelecido o máximo de tempo para os trabalhos diários.

Hoje, no Brasil, temos uma legislação que protege crianças e adolescentes, o ECA, Estatuto da Criança e do Adolescente (desde 1990). Em sua inspiração inicial e redação, um cooperador salesiano participou muito ativamente.

A paternidade de Deus Pai é o fundamento de toda a pedagogia de Dom Bosco. A Trindade revela um princípio fundamental também às ciências humanas: unidade na diversidade, uma forma de educação religiosa em que Deus é família com o Pai, o Filho e o Espírito Santo e oferece um exemplo de espiritualidade a seguir. Por isso Dom Bosco falava tanto de "espírito de família", em suas obras.

Escrevendo sobre Dom Bosco, o padre salesiano brasileiro Marcos Sandrini (*in memoriam*) escreveu: "nosso Deus são pessoas vivas. Nosso Deus não é o supremo arquiteto do universo, o ato puro, a *causa incausada*. Ele é três pessoas unidas pelo amor que pode ser alcançado pelo homem, um Deus presente entre nós".

O Deus cristão está comprometido com a história humana até o fim dos tempos (Mateus 28,20).

A moral está ficando algo imposto de fora que cria pessoas inseguras e não uma lei presente no coração humano. Nosso Deus não é um Deus que castiga, mas a causa da felicidade pelo amor que não admite exclusão dos outros.

Há uma poesia simples que diz: "Procurei a Deus diretamente e não achei, procurei em mim mesmo e não me encontrei, procurei em meu irmão e nele encontrei Deus".

Em Maria, mãe de Jesus, os meninos e jovens do Oratório de Dom Bosco encontraram amparo e afeto materno. Ele foi um dos santos que mais viveu e ensinou a paternidade de Deus, sem castigos físicos, mas com amor. "É com amor que se educam as pessoas", dizia o Santo.

A visão de Deus na qual Dom Bosco foi educado no seminário era de um Deus severo juiz. Foi com o padre Guala e o padre Cafasso que Dom Bosco se encantou com um Deus amoroso e misericordioso com os que erram. A salvação não é projetada para a outra vida, apenas começa aqui e se projeta.

Dom Bosco era um homem prático: não existe vida sem sofrimento. Ele aprendeu com Jesus e ensinou como viver com o sofrimento, sobretudo quando a vida é serviço ao próximo. As ilusões do materialismo, consumismo, relativismo e hedonismo excluem o sofrimento do sentido da vida. Com essa visão, fica mais difícil alguém se sacrificar pelo outro. "É dando (amor) que se recebe o amor."

Fora dessa lógica, as pessoas ficam privadas da única fonte de felicidade mais perfeita e duradoura, o amor. A forma que leva a se sacrificar pelo outro é viver em Igreja, isto é, em comunidade, viver um para outro como bons cristãos e honestos cidadãos. Esse era o objetivo da educação, segundo Dom Bosco.

Se Deus é o Pai de todos, o outro é meu irmão, alguém que abre horizontes e possibilidades. Jamais um filho de Deus pode acreditar que "o homem é o lobo do outro homem", como disse o filósofo inglês Tomas Hobbes. Ao contrário, o poeta cristão Paul Claudel, disse que a fé, sua conversão para o cristianismo, foi o maior acontecimento de sua vida, a fonte de sua felicidade.

A partir de Jesus Cristo, encontramos uma espiritualidade autenticamente cristã, a espiritualidade da misericórdia do Pai e do compromisso com o próximo. Isto é, a união entre fé e vida em busca do Reino de Deus, iniciado neste mundo como vivência do amor, da justiça e da paz. Para o cristão, Deus se fez humano para levar o homem a participar da vida de um Deus solidário, não solitário. Muitas são as opções de uma espiritualidade aberta a Deus e ao próximo.

O mundo contemporâneo, imerso em identidades passageiras e provisórias, quase desconhece uma espiritualidade firme, sólida. Para manter-se em uma fé sólida, o cristão precisa encontrar-se diariamente com Deus, ser regular na oração diária, missa aos domingos e no constante contato com a Bíblia. Tudo deve ser cuidado, também a religião, também a planta e ser humano, tudo o que existe deve ser cuidado.

As pessoas diziam que Dom Bosco trabalhava unido a Deus. Então seu trabalho era fruto de uma paixão pela vida e pelo Deus da vida humana, sobretudo dos jovens. O amor que os jovens encontravam no santo educador se irradiava na alegria de quem conheceu Jesus Cristo como caminho. Isso fazia com que ele fosse seguido por outros jovens por meio das vocações sacerdotais e religiosas, a serviço de Deus.

No século XIX, a missa ainda era celebrada em latim, com o padre de costas para o povo. Qual seria o atrativo para os jovens? Era na missa que eles mantinham sua fé. A missa, na igreja de Dom Bosco, devia ter canto, movimento e festa como parte da vida de cada dia, sobretudo dos jovens. A confissão era para seus jovens oportunidade de purificação espiritual e orientação na vida.

Ele queria que o lugar das orações fosse sempre muito bonito. Basta ver a Basílica de Nossa Senhora Auxiliadora, inaugurada em 1868. Com o auxílio dos amigos e muito trabalho saiu essa obra que continua a ser reformada até hoje.

São Domingos Sávio era aluno de Dom Bosco, morreu aos 14 anos. Com a biografia dele, escreveu também a vida de outros jovens, como Miguel Magone, Luís Comollo e Francisco Besucco, todos alunos seus, todos percorrendo o caminho da santidade de diferentes modos.

A meta era a mesma, mas o percurso era diferenciado. Essa pedagogia, que respeita as particularidades e os diferentes estados de vida no caminho de perfeição, Dom Bosco aprendeu pelos ensinamentos de São Francisco de Sales. O nome "salesianos" está ligado a esse santo.

Preocupado com a educação de todos, Dom Bosco escreveu e publicou muitos livros e folhetos: a série *Leituras Católicas* e uma revista chamada *Boletim Salesiano* para a evangelização das classes adultas em Turim. Essa última revista continua sendo editada até hoje na Congregação Salesiana em dezenas de línguas e milhões de edições, no mundo inteiro.

Dom Bosco exercia uma atração especial para quem trabalhava com ele em vista da educação da juventude. Até sua mãe Margarida (em andamento o processo de beatificação) foi morar e trabalhar com ele no fim da vida.

Há alguns elementos característicos da pedagogia salesiana da santidade: trabalho e temperança, oração pessoal e liturgia, alegria e otimismo, devoção a Maria baseada em sua vida e na de Jesus, seu filho. Desde o início da Igreja, Maria esteve com os apóstolos. E, até hoje, ela é reconhecida na obra de Dom Bosco, como Mãe de todos os cristãos.

Esse caminho simples da santidade salesiana, baseado na vida de cada dia, gerou mais de uma centena de salesianos e salesianas, religiosos e leigos, que são já canonizados ou estão em processo. É a mística do cotidiano, acessível a todos.

A consagração a Deus que Dom Bosco fez como padre incluía seu amor ao próximo. No fim da vida ele pôde dizer: "Até meu último suspiro será para meus pobres jovens". Porque para o santo da juventude, "é impossível amar a Deus sem amar o próximo".

No amor ao próximo, na mística do cotidiano, está incluído todo tipo de trabalho com amor. O amor do médico por seus doentes, o amor do professor por seus alunos, o amor da esposa pelo marido e vice-versa. São formas de amar a Deus e ao próximo.

Todo tipo de amor verdadeiro é também amor a Deus, mas é claro que existem situações mais urgentes de amor na vida humana.

CONSIDERAÇÕES FINAIS

Espero que, com a leitura deste livro, mais gente possa conhecer melhor sua religião, com mais profundidade. A religião cristã, que é centrada em Cristo, em seu modo de rezar e agir, abre um caminho luminoso para o amor, para a salvação.

Espero sinceramente poder contribuir para que haja um mundo cada vez melhor, mais justo. Sobretudo que a fome diminua e desapareça, que todos os cristãos se envolvam na caridade. Se abrir o caminho, outros seguirão e haverá crianças mais fortes e, consequentemente, adultos mais felizes.

Não precisamos ser ricos para ajudar e promover uma ou mais famílias a não passarem fome. Todos somos responsáveis uns pelos outros como irmãos, filhos do mesmo pai. A proposta de Cristo, segundo São Paulo, é que sejamos cristãos de qualidade, crescendo continuamente até que Cristo se forme em nós.

Os primeiros cristãos, como está testemunhado na Bíblia, nos Atos dos Apóstolos (4,32-35), realizaram o sonho de Jesus: "A multidão dos fiéis era um só coração e uma só alma. Ninguém considerava como próprias as coisas que possuía, mas tudo entre eles era posto em comum. Com grandes sinais de poder, os apóstolos davam testemunho da ressurreição do Senhor Jesus. E os fiéis eram estimados por todos. Entre eles ninguém passava necessidade, pois aqueles que possuíam terras ou casas, vendiam-nas, levavam o dinheiro e o colocavam aos pés dos apóstolos. Depois, era distribuído conforme a necessidade de cada um".

É evidente que a falta de recursos não é o único problema que uma família tem, mas, como Jesus Cristo fez e mostrou durante sua vida, os problemas da humanidade começam pelas necessidades materiais.

BIBLIOGRAFIA

Bíblia do Peregrino (textos e notas). São Paulo: Paulus, 2002.

CENCINI, A. *Amarás o Senhor teu Deus*: Psicologia do encontro com Deus. São Paulo: Paulinas, 2002

OLIVEIRA, Carlos Josaphat. *Crer no amor universal:* visão histórica, social e ecumênica do 'Creio em Deus Pai'. São Paulo: Loyola, 2001.

Constituições da Sociedade de São Francisco de Sales. Brasília: EDEBÊ, 2003.

KIERKEGAARD, Soren A. *As obras do amor:* algumas considerações cristãs em forma de discurso. Petrópolis: Vozes, 2013.

FRANCISCO (Papa). *A misericórdia.* São Paulo: Paulus, 2018.

Ratzinger, Joseph. *Jesus de Nazaré.* São Paulo: Editora Planeta do Brasil, 2007.

SANDRINI, Marcos. *Dom Bosco:* Presente de Deus para a juventude. São Paulo: Paulus, 2018.

ÍNDICE

Este livro foi composto com as famílias tipográficas Segoe UI e Palatino Linotype
e impresso em papel Book Ivory 65g/m² pela **Gráfica Santuário.**